Der eigensüchtige Riese

Oscar Wilde

Der eigensüchtige Riese

Ein Märchen

mit Fotos von
Werner Richner

Kiefel Verlag
Wuppertal

Märchen sind Bilder der Seele.

In ihren Gestalten und Ereignissen drückt sich die Sehnsucht und die Hoffnung aus, daß das Böse vom Guten überwunden wird, daß die Häßlichen schön und die Schwachen stark, die Gefangenen befreit und die Zurückgesetzten erhöht werden. In den Märchen wird inständig gewünscht, daß die Ängstlichen Mut fassen, sich den zugewiesenen Aufgaben zu stellen; aber auch die Angst, vor der Lebensbewältigung zu versagen, gewinnt unerbittlichen Ausdruck. Wer stark, selbstsicher und protzig daherkommt, wird am Ende oft als armselig entlarvt, der Reiche als innerlich leer, der Eigensüchtige als einsam.

6

Zu den Verwandlungen, die die Personen der Märchen erfahren, ist fast immer zweierlei notwendig: ein guter Führer und Wegweiser und die eigene Bereitschaft, den Weg unter die Füße zu nehmen und beherzt das gewiesene Ziel zu suchen, allein im Vertrauen auf die Weisung. Das Ziel wird nur von denen erreicht, die es selbstlos suchen, oft im Dienst einer wichtigen Sache oder für einen anderen Menschen.

Volksmärchen und Kunstmärchen bedienen sich der gleichen mythischen und geistigen Metaphern. Als Chiffren der Sehnsucht, daß die Welt gut und heil und der Mensch gerecht, friedfertig, schön, stark, großmütig und liebevoll sein möchte, sind sie Ausdruck der verlorenen Welt und des heillosen Menschen, der sich seine Befreiung nicht selbst geben kann. Märchen machen mit allen Sinnen hellsichtig für die Hinweise der Erlösung.

Ingeborg Kiefel

An jedem Nachmittag,
wenn die Kinder aus der Schule kamen,
gingen sie in den Garten des Riesen und spielten da.

10

Es war ein großer hübscher Garten
mit weichem grünen Gras.

Hier und da auf dem Rasen
standen schöne Blumen wie Sterne,

12

und da waren auch zwölf Pfirsichbäume,
die im Frühling zartrosa und perlweiß blühten

und im Herbst reiche Frucht trugen.

14

Die Vögel saßen auf den Bäumen und sangen so süß, daß die Kinder immer wieder in ihren Spielen innehielten, um zu lauschen.

„Wie glücklich wir hier doch sind!" riefen sie einander zu.

16

Eines Tages kam der Riese nach Haus.

Er war auf Besuch bei seinem Freund, dem gehörnten Menschenfresser, gewesen und sieben Jahre bei ihm geblieben.

18

Als die sieben Jahre um waren,
war alles gesagt, was er ihm zu sagen hatte,
denn sein Gesprächsstoff war sehr beschränkt,
und so beschloß er, auf sein eigenes Schloß zurückzukehren.

20

Als er nach Hause kam,
sah er die Kinder in seinem Garten spielen.

„Was tut ihr hier?" rief er sehr mürrisch, und die Kinder liefen weg.

„Mein Garten, das ist mein Garten,"
sagte der Riese, „das sieht jeder ein,

und ich erlaube niemandem sonst, darin zu spielen
als mir selber.''

24

Also baute er eine mächtige Mauer ringsum
und stellte eine Warntafel auf:

UNBEFUGTES BETRETEN
DIESES GRUNDSTÜCKS IST
BEI STRAFE VERBOTEN!

Es war ein sehr eigensüchtiger Riese.

Die armen Kinder hatten jetzt nichts mehr, wo sie spielen konnten.

Sie versuchten's auf der Landstraße,
aber die Landstraße war sehr staubig und steinig,
und sie mochten sie nicht leiden.

28

So gingen sie also, wenn die Schule aus war,
um die große Mauer herum
und sprachen von dem schönen Garten dahinter.

„Wie glücklich waren wir da," sagten sie zueinander.

Dann kam der Frühling, und über der ganzen Gegend

waren kleine Blüten und kleine Vögel.

Bloß in dem Garten des eigensüchtigen Riesen blieb es Winter.

Die Vögel machten sich nichts daraus, darin zu singen, weil keine Kinder da waren, und die Bäume vergaßen zu blühen.

34

Einmal steckte eine schöne Blume
ihr Köpfchen aus dem Gras hervor,

aber als sie die Warntafel sah, war sie so betrübt
um die Kinder, daß sie wieder in den Boden hineinschlüpfte
und weiterschlief.

Die einzigen Leute, die sich freuten,
waren der Schnee und der Frost.
„Der Frühling hat diesen Garten vergessen," riefen sie,

37

„so wollen wir hier das ganze Jahr hindurch leben."
Der Schnee deckte das Gras mit seinem großen weißen Mantel,
und der Frost bemalte alle Bäume silberweiß.

38

Dann luden sie den Nordwind ein, bei ihnen zu wohnen, und er kam. Er war in Pelze ganz eingehüllt und brüllte den ganzen Tag durch den Garten und blies die Schornsteine herunter.

„Das ist ein ganz herrlicher Platz," sagte er, „wir müssen den Hagel auf eine Visite bitten."

Und so kam der Hagel. Jeden Tag prasselte er drei Stunden lang auf das Schloßdach herunter, bis er fast alle Schieferplatten zerbrochen hatte, und dann lief er rund um den Garten, so schnell er nur konnte.
Er war ganz grau angezogen, und sein Atem war wie Eis.

42

„Ich versteh nicht, warum der Frühling so spät kommt,"
sagte der eigensüchtige Riese, als er am Fenster saß
und auf seinen kalten weißen Garten hinuntersah.
„Ich hoffe, das Wetter ändert sich bald."

Aber der Frühling kam nie und auch nicht der Sommer.
Der Herbst gab jedem Garten goldene Früchte,
aber dem Garten des Riesen gab er keine.

„Er ist zu eigensüchtig," sagte der Herbst.
So war es da immer Winter, und der Nordwind und der Hagel und der Frost und der Schnee tanzten um die Bäume.

Eines Morgens lag der Riese wach im Bette,
als er eine liebliche Musik vernahm.
Es klang so süß an seine Ohren,
daß er dachte, die Musikanten des Königs zögen vorüber.
Aber es war bloß ein kleiner Hänfling,
der vor seinem Fenster sang, nur hatte er
so lange keinen Vogel mehr in seinem Garten singen hören,
daß es ihm wie die schönste Musik der Welt vorkam.

48

Da hörte der Hagel auf, über seinem Kopf zu tanzen,
und der Nordwind zu blasen, und ein köstlicher Duft
kam zu ihm durch den geöffneten Fensterflügel.

„Ich glaube, der Frühling ist endlich gekommen,"
sagte der Riese;
und er sprang aus dem Bett und schaute hinaus.
Und was sah er?

Er sah was ganz Wunderbares.
Durch ein kleines Loch in der Mauer waren die Kinder hereingekrochen und saßen in den Zweigen der Bäume.

In jedem Baum,
den er sehen konnte, saß ein kleines Kind.

Und die Bäume waren so froh,
die Kinder wieder bei sich zu haben,
daß sie sich ganz mit Blüten bedeckt hatten
und ihre Arme anmutig über den Köpfen der Kinder bewegten.

Die Vögel flogen umher und zwitscherten vor Entzücken, und die Blumen guckten aus dem grünen Gras hervor und lachten.

54

Es war so entzückend anzusehen,
und nur in einem Winkel war es noch Winter,
und dort stand ein kleiner Junge. Er war so klein,
daß er nicht an die Äste hinaufreichen konnte,
und er lief immer um den Baum herum und weinte bitterlich.

Der arme Baum war noch ganz bedeckt mit Frost und Schnee, und der Nordwind blies und heulte über ihm.

„Klettere herauf, kleiner Junge," sagte der Baum und senkte seine Äste, so tief er konnte, aber der Junge war zu klein.

Da wurde des Riesen Herz weich, als er das sah. „Wie eigensüchtig ich doch war!" sagte er; „jetzt weiß ich, weshalb der Frühling nicht hierherkommen wollte.

Ich will dem armen kleinen Jungen auf den Baumwipfel helfen, und dann will ich die Mauer umwerfen, und mein Garten soll für alle Zeit der Spielplatz der Kinder sein."
Er war wirklich sehr betrübt über das, was er getan hatte.

So schlich er hinunter und öffnete ganz leise das Tor und trat in den Garten. Aber als die Kinder ihn sahen, erschraken sie so, daß sie alle wegliefen,
und im Garten wurde es wieder Winter.

Bloß der kleine Junge lief nicht weg, denn seine Augen waren so voll Tränen, daß er den Riesen nicht kommen sah.

Und der Riese kam leise hinter ihm heran,
nahm ihn zärtlich auf seine Hand
und setzte ihn hinauf in den Baum.

Und sogleich fing der Baum zu blühen an,
und die Vögel kamen und sangen in ihm,
und der kleine Junge breitete seine Ärmchen aus,
schlang sie um den Hals des Riesen
und küßte ihn auf den Mund.

Und wie die anderen Kinder sahen,
daß der Riese nicht mehr böse war,
kamen sie schnell zurückgelaufen,
und mit ihnen kam auch der Frühling.

„Der Garten gehört jetzt euch, Kinderlein,"
sagte der Riese,
und er nahm eine große Axt und hieb die Mauer um.

Und als die Leute um zwölf Uhr zum Markt gingen,
sahen sie den Riesen mit den Kindern spielen,
in dem schönsten Garten, den sie je geschaut hatten.

Den ganzen Tag spielten sie, und am Abend kamen sie zum Riesen und wünschten ihm eine gute Nacht.
„Aber wo ist denn euer kleiner Kamerad?" fragte er, „der Junge, dem ich auf den Baum geholfen habe?"
Der Riese liebte ihn am meisten, weil der ihn geküßt hatte.

„Wir wissen's nicht", antworteten die Kinder,
„er ist fortgegangen." „Ihr müßt ihm sagen,
er soll sicher morgen wiederkommen", sagte der Riese.
Aber die Kinder antworteten, sie wüßten nicht, wo er wohne,
und sie hätten ihn zuvor nie gesehen;
da wurde der Riese sehr traurig.

Jeden Nachmittag nach Schluß der Schule kamen die Kinder und spielten mit dem Riesen.

Aber der kleine Knabe, den der Riese so liebte, ließ sich nie mehr sehen.

Der Riese war sehr gut mit den Kindern, aber er sehnte sich nach seinem kleinen Freunde und sprach oft von ihm.

„Wie gern möcht' ich ihn wiedersehn!" sagte er immer und immer.

Jahre vergingen,
und der Riese wurde sehr alt und schwach.
Er konnte nicht mehr unten mit den Kindern spielen,
und so saß er in seinem mächtigen Armstuhl und sah ihnen zu
und freute sich an seinem Garten.

„Ich habe viele schöne Blumen," sagte er;
„aber die allerschönsten Blumen von allen sind die Kinder."

An einem Wintermorgen
sah er beim Ankleiden aus seinem Fenster.

Jetzt haßte er den Winter nicht mehr, denn er wußte, daß der Frühling nur schlief und die Blumen sich ausruhten.

Plötzlich rieb er sich verwundert die Augen
und sah und sah.
Es war wirklich ein wundersamer Anblick.
Im fernsten Winkel des Gartens war ein Baum

ganz bedeckt mit lieblichen weißen Blüten.
Seine Äste waren lauter Gold,
und silberne Früchte hingen an ihnen, und darunter
stand der kleine Knabe, den er so geliebt hatte.

Hocherfreut eilte der Riese die Treppe hinunter und in den Garten. Er lief über den Rasen auf das Kind zu. Und als er ihm ganz nahe gekommen war, wurde sein Gesicht rot vor Zorn, und er sagte: „Wer hat es gewagt, dich zu verwunden?" Denn an den Handflächen des Kindes waren Male von zwei Nägeln, und Male von zwei Nägeln waren an den kleinen Füßen.

„Wer hat es gewagt, dich zu verwunden?" rief der Riese; „sag es mir, damit ich mein großes Schwert nehme und ihn erschlage."

„Ach nein," antwortete das Kind; „dies sind die Wunden der Liebe."

„Wer bist du?" sagte der Riese,
und eine seltsame Scheu überkam ihn,
und er kniete nieder vor dem kleinen Kinde.

Und das Kind lächelte den Riesen an
und sprach zu ihm: „Du ließest mich einst
in deinem Garten spielen, heute sollst du mit mir kommen
in meinen Garten, in das Paradies.“

Und als die Kinder
an diesem Nachmittag hereinstürmten,
da fanden sie den Riesen tot unter dem Baume liegen
und ganz bedeckt mit weißen Blüten.

Literaturnachweis

Oscar Wilde
Der eigensüchtige Riese
aus: Die Erzählungen und Märchen
insel TB Nr. 5, Seite 147–152

Einband und Typografie: Kurt Wolff, Düsseldorf-Kaiserswerth
»Satz & Druck Contzen«, Lünen
Einband: Verlagsbuchbinderei Werner Berenbrock, Wuppertal
ISBN 3 7811 0336 6